ME ESTOY MURIENDO

La historia que hará que pienses dejar de fumar para siempre...

Mario Español Pérez

Ponteareas, Pontevedra

Título: Me estoy muriendo
Autor: Mario Español Pérez
Editor: Mario Español Pérez
Idioma: Castellano

Primera edición. Abril 2009
Segunda edición. Mayo 2012

ISBN: 978-1-4717-0722-3
Núm. Registro: VG 111-09

Para Estrella, para siempre
Siempre tuyo...

ÍNDICE DE CAPÍTULOS

00. Sinopsis.................................... 009
00. Introducción.............................. 011
01. El despertar 013
02. Mis recaídas.............................. 017
03. La fuerza de voluntad................... 021
04. El fumar, como la mili................... 025
05. Soy drogadicto........................... 031
06. El tabaco, como la droga siempre estará entre nosotros....................................... 037
07. Vosotros, no adictos a ninguna droga, podéis ayudar 043
08. Última esperanza........................ 047
09. Consejos básicos........................ 051
10. El primer día de abstinencia............ 055
11. Una dieta equilibrada..................... 059
12. La temida ansiedad....................... 065
13. Mis últimos días........................... 069
14. Todo fue un sueño 073
15. Nunca es tarde cuando la dicha es buena.. 077
16. El que a buen árbol se arrima, buena sombra le cobija 083
17. Un nuevo amanecer....................... 089
18. Mi pequeño diario (Parte 1)............... 095
19. Mi pequeño diario (Parte 2)............... 101
20. Mi pequeño diario (Parte 3)............... 107
21. Mi pequeño diario (Parte 4)............... 113
22. Mi pequeño diario (Epílogo)............... 117
23. Mi primera semana de abstinencia....... 123
24. No dejes que el tabaco te maneje........ 129

25. Mi segunda semana de abstinencia....... 135
26. Buenas razones para dejar de fumar...... 141
27. Compuestos del cigarrillo y enfermedades causadas por el hábito de fumar................ 147
28. Mi primer mes sin tabaco..................... 151
29. Vuelta a la cruda realidad..................... 157
30. No lo dudes, déjalo ya o te matará......... 163

SINOPSIS

Me acabo de despertar y me encuentro tumbado en la cama de un hospital. Después de varias pruebas me diagnosticaron enfisema pulmonar y cáncer de pulmón. Los médicos dicen que el enfisema pulmonar puede curarse dejando de fumar, pero el cáncer está muy avanzado y no me dan muchas esperanzas de vida, meses, incluso días. Escribo este libro sin saber si voy a terminarlo pues mi estado es bastante crítico, pero con la esperanza de que algún día sirva a alguien para dejar de fumar. NUNCA ES TARDE CUANDO LA DICHA ES BUENA, en mi caso ya es tarde no hay remedio y me estoy muriendo. Ahora me acuerdo la primera vez que me puse la muerte en los labios...

ME ESTOY MURIENDO es parte de la vida de cualquier fumador, es el sin vivir de todos los días de un adicto a la nicotina que quiere dejar de fumar para siempre, pero cuando se da cuenta ya es demasiado tarde. Es la historia que demuestra que a veces las pesadillas se convierten en realidad.

INTRODUCCIÓN

Todo empezó durante mi estancia en el servicio militar en León, allá por el año 1995, hace ahora 14 años. Lo que empezó de broma, se ha convertido en una de mis peores pesadillas. Tengo un hijo de 3 años, y una mujer que siempre ha estado a mi lado en mis peores momentos, como ahora en los últimos días de mi vida. ¡Qué INCREDULIDAD DECIR ESTO POR CULPA DEL TABACO! Espero, deseo, y ansío, conseguir dejar este vicio tan asqueroso, caro y repugnante, que me está costando un dineral, salud, y malestar general. Eso pensaba antes, ahora está acabando con mi vida poco a poco.

Durante mis dos primeros años estuve fumando no más de cinco cigarrillos al día, por aquel entonces conocí a la chica que con los años se convertiría en mi futura mujer. El día que le pedí una cita me pidió por favor que dejara de fumar si quería salir con ella, a lo cual contesté con un sí rotundo. Sería en el futuro una afirmación engañosa que por no cumplirla, acabará con mi vida.

CAPÍTULO PRIMERO

Capítulo Primero. EL DESPERTAR

Llevaba seis meses fumando cuando me propuse dejarlo por primera vez, no me ocasionó un gran esfuerzo, pues aún no me consideraba un adicto al tabaco, pero el gusano seguiría estancado en mi estómago hasta que le volviera a dar de comer y en consecuencia, vida otra vez. Durante dos años conseguí no fumar nada, lo que no puedo afirmar es si sentí el tan conocido "mono" entre los fumadores, pues aun no era un adicto a la nicotina ni mucho menos un fumador empedernido.
Dos años después de haberlo conseguido, un 14 de febrero del año 1997, durante la cena de enamorados que celebramos mi mujer y yo, decidimos comprar una cajetilla de tabaco para fumar después de la cena, maldigo ese día como ningún otro... ¡QUÉ INCREDULILIDAD DECIR ESTO POR CULPA DEL TABACO!
Un día tan feliz como ése, se convirtió hasta hoy en el despertar de ese gusano que durante dos años estuvo estancado en el interior de mi estómago, esperando su dosis de nicotina para volver a sobrevivir. Mi mujer como no había fumado nunca, tosió y lo dejó al momento, yo también tosí, incluso me sentía un poco mareado, pero el gusano ya había ingerido su dosis y se sentía vivo otra vez.

CAPÍTULO SEGUNDO

Capítulo Segundo. MIS RECAÍDAS

Durante estos 12 años como fumador he intentado dejarlo en sinfín de ocasiones, he de reconocer que cuanto más tiempo pasa, menos veces me lo propongo, pues cada vez la ansiedad es mayor y la angustia tremenda. He leído libros para dejar de fumar, pero siempre he vuelto a alimentar al gusano que llevo dentro. Reconozco que el leer esos libros me ha abierto un poco los ojos, no por eso he conseguido dejarlo, aunque es cierto que me hicieran reflexionar...
¿Por qué tengo que fumar cuando soy feliz sin hacerlo, algo que no consigo desde hace 12 años...?.¡Qué ESCEPTICISMO DECIR ESTO POR CULPA DEL TABACO!
Hasta el día de hoy, fumo veinte cigarrillos diarios, es cierto que hay gente que fuma mucho más, no por eso dejo de ser adicto a esta droga que me está matando física, psíquica y mentalmente.
Como tantas ocasiones que he intentado dejarlo, cada vez que pienso en un cigarrillo siento sofocones continuos, lo cual es debido a la falta de nicotina que tengo que administrar al gusano que llevo dentro. Sé que cuando lo vuelva a intentar volverán esos sofocones continuos, esa ansiedad cuando piensas en el tabaco, por eso espero y deseo que algún día, juntos, podamos sobreponernos a éste vicio, dejando de alimentar para siempre a ese gusano que llevamos dentro.

CAPÍTULO TERCERO

Capítulo Tercero. LA FUERZA DE LA VOLUNTAD

Hay personas que dicen que con fuerza de voluntad se puede dejar de alimentar ese gusano que llevamos dentro, tú, como yo, sabemos que eso de la fuerza de voluntad fue lo que dijimos la primera vez que encendimos el primer cigarrillo, que teníamos voluntad para encenderlo y fumárnoslo, pero ahora no somos capaces de dejarlo. Por eso pienso que lo que hay que hacer es dejarlo sin más, y olvidarse de la fuerza de voluntad y del mono por el tabaco. Es la nicotina la que no nos deja aliviar ese malestar general.
Todos los fumadores sabemos que en el momento que nos pongamos a realizar cualquier tarea, el gusano que llevamos dentro nos va a pedir que le proporcionemos más nicotina. Deseo con toda mi alma poder algún día sobreponerme a esta esclavitud.
¡Qué ESCEPTICISMO DECIR ESTO POR CULPA DEL TABACO!
Yo juego al fútbol dos horas semanales, es el deporte que practico. Fumar me quita de poder hacer más ejercicio. Dicen que al dejar de fumar se come más, y eso es cierto, pero también es cierto que el realizar ejercicio conlleva bajar esos kilos de más. Yo considero que también se engorda fumando, en mi caso hace doce años pesaba setenta y seis kilos y realizaba ejercicio todos los días, ahora peso ciento cinco y no practico ejercicio, me fumo veinte cigarrillos diarios. Con esto quiero decir que no se puede tener miedo a

engordar al dejar de fumar, pues fumando también se come y se engorda.
Todos los fumadores sabemos que cuando le echamos fuerza de voluntad, nuestros peores momentos están por llegar, el gusano que llevamos dentro nos pide para saciarse, cuando cambiamos el pañal al niño, después de comer, después de cenar, al levantarnos, en el trabajo después de cada tarea, tomando el café al mediodía, en nuestras horas muertas, en las horas de mayor actividad, viendo los partidos de fútbol, en la parada del autobús, en la parada del taxi, en cualquier cola de todo tipo de espectáculos...
¡Qué INCREDULIDAD DECIR ESTO POR CULPA DEL TABACO!
Tengo comprobado que siempre que le pongo fuerza de voluntad para dejar este vicio, los primeros días los pasó comiendo como un poseso o durmiendo a todas horas, hasta rendirme y volver a alimentar ese gusano que llevo dentro. Por eso pienso que la fuerza de voluntad no vale para nada, lo que hay que hacer es decir ¡¡¡NO!!! para siempre.

CAPÍTULO CUARTO

Capítulo Cuarto. EL FUMAR, COMO LA MILI

Durante estos doce años de fumador me he dado cuenta de que fumar es como el servicio militar, allí te mandan para hacerte hombre, y cuando pruebas el tabaco por primera vez es para parecerte a los mayores que te rodean, por lo menos en mi caso. Dicen que en la mili te haces hombre, pero solo durante nueve meses, dicen que en la mili entablas muchas amistades, pero se acaban a los nueve meses. También oí comentar que en la mili pierdes la timidez, el miedo a relacionarte con la gente, pero te das cuenta que al final, cuando regresas a tu casa, sigues, o vuelves a ser el mismo de antes, que lo que ocurrió en el servicio militar fue tan solo una aventura, de la que puedes salir bien, o mal parado, según tu forma de ser. Una aventura a la que tengo que darle las gracias, pues perdí el trabajo, amigos, y compañeros con los cuales conviví durante nueve meses, y que fueron como hermanos para mí. ¡¡¡Como el tabaco que está siempre a mi lado!!!

Quiero decir con esto que el tabaco como la mili, no sirve para nada, absolutamente para nada... ¡PARA NADA! Pues de qué me vale a mí hacerme hombre durante nueve meses, si con eso pierdo mi trabajo, dinero ahorrado durante años, y amigos a los cuales no volveré a ver más. Pues con fumar pasa lo mismo, pierdes dinero que podías ahorrar, y la salud si no te acompaña.

Después de acabar la mili, te pones a pensar si mereció o no la pena emprender esta aventura hacia lo oscuro, lo incógnito, lo desconocido....

Pues es verdad que una vez que emprendes el viaje hacia la aventura, no sabes cómo lo puedes terminar, si bien, o por el contrario para mal, como fumar, nunca sabes el mal que te puede llegar a hacer. Y es que durante nueve meses en la mili se cogen muchos vicios, si ya los tienes van para peor, y si no los tienes empiezas a probarlos. ¡¡¡Como el tabaco, siempre acabas fumando más!!!

Es cuando tienes que ser tú realmente, y no ese hombre que quieren hacer de ti en la mili. En mi caso me hicieron hombre, pero sólo me valió para enmascarar la timidez sobre los demás, una timidez que ocultaba con el tabaco y el alcohol. Pues en esta arriesgada aventura, no he sabido mantener el no por respuesta, y fui cayendo, aunque sin querer, en vicios de los cuales ahora me arrepiento haber probado. A veces me pregunto: ¿Por que empecé a fumar?, y siempre llego a la conclusión, de que el aburrimiento, el agobio, la timidez, él ambiente, la inseguridad, la inmadurez, los amigos, y sobre todo, el hombre que te han hecho en la mili, son los motivos por los cuales empiezas a coger vicios, que jamás habías pensado tener.

Con todo esto quiero decir, que es mejor hacerse hombre en tu casa, con tu familia, tu trabajo, tus estudios, en tu ciudad, y poco a poco. Y no querer hacerse hombre fumando o bebiendo, si con eso pierdes a tu familia, tu trabajo, y sobre todo tu salud, pues creo que eso no sería un hombre en realidad, sino un montón de basura. Puede ser que no ocurra en todos los casos, pero en el mío así ocurrió. Por eso creo que es mejor no emprender este viaje a lo incierto, pues fumando no sabes el final que tendrás, si no, apúntate a la aventura, ¡Pero jamás sabrás como podrás salir de este viaje, siendo un buen, o por el contrario, un mal hombre!

CAPÍTULO QUINTO

Capítulo Quinto. SOY DROGADICTO

Hoy por hoy me creo un drogadicto en toda regla, pues considero que el tabaco es una droga como las peores que existen. Voy a hablar un poco de las drogas para que nos demos cuenta lo mucho que nos parecemos a los drogadictos. En primer lugar quisiera explicar qué son las drogas, las drogas son sustancias vegetales o animales que sólo deben utilizarse como medicamentos, ya que de ellas se extraen los principios medicamentosos para algunas enfermedades, y con ese fin han sido preparadas.

Pero hoy en día, el comercio de las drogas y los intereses políticos, han llevado a un tipo de juventud al abuso de ellas de tal manera, que no sólo son las consecuencias que llevan al joven que las consume a la muerte en poco tiempo, sino que los hechos criminales y delictivos que estos individuos cometen para poder conseguirla al precio que sea, produce en la sociedad problemas psíquicos y de inseguridad. Las drogas están destrozando a la juventud inmadura. Como ves, entre ellos nos encontramos los fumadores, pues la nicotina también es una droga como las peores y los intereses políticos son los que nos han hecho abusar de la nicotina, reconócelo, somos como los drogadictos.

La mayoría de los psicólogos admiten que las causas que llevan a la juventud al consumo de las drogas, son la falta de buena educación por parte de la familia. He de matizar que no estoy de acuerdo con esta teoría, pues en mi caso no fue la mala educación la que me llevó a meterme en el vicio del tabaco. Pero bueno, un niño desde que nace debe tener una relación amplia y sin complejos, y un ambiente familiar afectivo, para que en su adolescencia tenga su propia personalidad, y no ser un hombre inmaduro que cualquier día se deje influenciar por las personas que le den vicios a probar. Yo creo que es imprescindible una buena educación, no solo a nivel de familia sino también de escuela, y que se apliquen a las drogas como el tabaco y los daños que producen, pues las drogas como el tabaco sólo sirven para estimularnos un momento, al cabo de unos años el cuerpo estará destrozado.

También hay que decir que hay niños de seis y siete años enganchados, me gustaría hablaros de ellos. Puesto que a los adolescentes es la curiosidad la que nos mueve a entrar en el círculo de la droga, a los niños es imitar a sus vecinos, padres, o a la gente del barrio. En un 99% son niños de barrios marginales donde están en contacto con la droga desde que nacen, en sus casas, en sus calles, etc. ¿Te das cuenta que como la droga, el tabaco está en todas partes? Por eso te digo que te consideres un drogadicto en toda regla, que está intentando desintoxicarse de esta mierda, que un día copiamos de alguien, en la calle, en nuestras casas, de un amigo, conocido, etc.

Ahora que te consideras un drogadicto como yo, piensa muy profundamente en lo que vas a leer a continuación, sobre los niños y las drogas y ponte en su lugar, puesto que el tabaco también es una droga.

CAPÍTULO SEXTO

Capítulo Sexto. EL TABACO COMO LA DROGA, SIEMPRE ESTARÁ ENTRE NOSOTROS.

Como decía anteriormente, el 99% son niños de barrios marginales los que están en contacto diario con las drogas, como nosotros que nacimos entre el tabaco desde pequeños. Ante esta situación todos nos hemos de sentir culpables, porque a esa edad, no se sabe lo que es ni las consecuencias que acarrea el consumo de estas sustancias, y lo más grave es que son muy pocos de estos niños los que reciben algún tipo de ayuda. Estos niños han nacido en la miseria, a los tres años su escuela era la efímera, las chatarrerías, o la búsqueda de cartones toda la noche...

¿QUIEN DE VOSOTROS SE CREE CON EL DERECHO DE CRITICAR A UNO SOLO DE ESTOS NIÑOS PORQUE SE DROGUE, FUME, O ROBE?

¿QUÉ HACÉIS VOSOTROS PARA AYUDARLES, CUANDO EN REALIDAD SABEN MÁS DE LA VIDA CON CINCO AÑOS QUE VUESTROS HIJOS CON DIECIOCHO?

(Esto lo digo para esos políticos que tanto critican, y no ponen nada de su parte para retirar las drogas y el tabaco del mercado).

Lástima que alcaldes, diputados regionales, y gente que tiene poder para ayudarles, jamás se den una vuelta por su entorno y los conozcan, que conozcan los problemas de su ciudad, que pienso no tienen ni idea de lo que sucede. El peligro de estos niños es llegar a adolescentes en las mismas condiciones que han pasado la infancia, porque entonces han

generado tanto odio, que seguramente se conviertan en delincuentes peligrosos y por tanto en "carne de talego". Bajo mi punto de vista jamás serán culpables directos de los actos delictivos que cometan. El que quiera que lo entienda, y si puede hacer algo para ayudarles, no se arrepentirá en su vida, como yo a ti, si consigo que dejes el tabaco, droga que nos está matando poco a poco.
A los que os estáis metiendo caña, me gustaría deciros aunque lo sepáis ya, que no merece la pena mataros por cuatro "picos" de mierda, digo "PICOS", PORQUE CADA CIGARRILLO QUE NOS FUMAMOS ES COMO UN PICO QUE SE METE UN DROGADICTO MIENTRAS LOS CUATRO QUE TODOS CONOCEMOS SE LLENAN LOS BOLSILLOS. Valemos mucho más de lo que nos imaginamos, como para vaciarnos física, y psíquicamente como lo estamos haciendo.
¿Os habéis parado a pensar en vuestros padres? ¿Cómo se sienten ellos cuando nos ven llegar ciegos a casa, o cuando nos marchamos ciegos por la mañana, y volvemos más ciegos todavía, o no saben si volveremos?
Si quieres morirte vete a Thailandia, o la India, allí circula heroína buena y barata, tú serias feliz, ¿no?, pues tu familia también, ya que no sufriría minuto a minuto, hora a hora, día a día, y el día que les comunicasen tu muerte, llorarían de alegría de pensar que por fin tú ya no sufrirás más el castigo de la droga, que como el tabaco nos está matando poco a poco.

Es fácil estar en la calle buscándote la vida para pincharte, aunque reconozcas que es muy duro, pero no es de hombres cuando llega la noche ir a dormir a casa de mamá, o cuando tienes hambre porqué hace tres días que no comes. Con el fumar puede llegar a suceder algo parecido, cuando la salud ya no te acompaña, ruegas tener a tu lado los seres más queridos, cuando llegan tus últimos días, recuerdas con tristeza los primeros cigarrillos que fumabas en la calle, y que con el tiempo han conseguido tumbarte en una cama de un hospital, esperando que llegue algún médico y te diga que la vida te ha dado otra oportunidad. En mi caso eso no sucederá, pero tú aún estás a tiempo de disfrutar de la oportunidad que te está dando la vida, deja de fumar, deja de drogarte, no pienses que tu corazón no fallará, que tus pulmones no se contaminarán, pues cuando eso suceda rogarías no haber probado nunca la droga de la nicotina. En fin, me gustaría que alguno de vosotros reaccionara y aunque le cueste alguna noche de sueño, le echase un par de cojones y se parase a pensar lo que quiere, porque me parece que ninguno de nosotros lo sabemos bien. Como todos sabemos, funcionan varias instituciones que nos pueden ayudar, física y psíquicamente. No os preocupéis por el dinero, afortunadamente alguna de estas instituciones cuentan con las subvenciones necesarias para que, si necesitamos ayuda económica, la consigamos. Pero no os aprovechéis para estar cuatro días de desenganche, y luego "puerta", porque no les engañáis a ellos, os engañáis vosotros mismos.

Hace falta dar el salto y plantearse en serio la rehabilitación, no sea el caso que después sea demasiado tarde. Tú, aún tienes esa oportunidad, no la puedes perder, no la desaproveches, deja las drogas, deja el alcohol, deja el tabaco, no te arrepentirás. Pensar que si el ingenio que ponéis en gastar 120 euros al mes en tabaco, lo pusiésemos en nuestro trabajo, en una empresa, una fabrica etc.... nos comeríamos Europa en pocos años, de verdad. España adelantaría en cinco años lo que va a adelantar en diez, porque nosotros somos parte de la juventud inteligente que hace falta ahora para sacar el país adelante, en vez de hacerlo ir hacia atrás, o dejarlo estancado. Tengo que matizar respeto a algo que dije anteriormente, las drogas tal y como son no sirven para medicamentos, tienen que ser pequeñas dosis, y mezcladas con otras sustancias.

CAPÍTULO SÉPTIMO

Capítulo Séptimo. VOSOTROS NO ADICTOS A NINGUNA DROGA PODÉIS AYUDAR.

A los que no os metéis ninguna mierda en el cuerpo, ante toda mi admiración, por haber sabido escoger una vía distinta a las drogas para evadir vuestros problemas, o por haber sabido afrontarlos. Pienso que también podéis ayudar y, de hecho, alguno lo hacéis ya con la rehabilitación de algún adicto a cualquier tipo de droga, pues estoy seguro, que más de alguno tenéis, conocidos, familiares o amigos, que tienen el problema y os sentís impotentes. No te desanimes, dale consejos a diario, aunque te diga ¡DÉJAME EN PAZ!

Piensa que si lo intentas y uno de cada cien te escucha, puede que salves una vida, que es ya importante.

CAPÍTULO OCTAVO

Capítulo Octavo. ÚLTIMA ESPERANZA.

Han pasado tres meses desde que me detectaran la enfermedad, vivo con la esperanza de que algún día los médicos me notifiquen alguna mejoría, a diario tengo que desplazarme al hospital para recibir mi tratamiento de quimioterapia, se me ha caído todo el pelo, y mi aspecto deja mucho que desear. He perdido mi trabajo, pues no me veo capacitado de poder llevar a cabo las tareas que desempeñaba antes de sucederme lo que todos sabemos. Una vez cada quince días, tengo cita con el psicólogo debido al estado de estrés y ansiedad en el que me encuentro. Me he apuntado a un programa de ayuda para personas fumadoras, con el fin de poder conseguir vencer a este vicio del tabaco que me está quitando la vida poco a poco. Tengo la esperanza de vencer algún día a esta adicción a la nicotina, y cuando lleguen mis últimos momentos poder morir diciendo que he conseguido al fin desengancharme de esta droga tan destructiva. Anteriormente he citado programas de ayuda para personas fumadoras, una vez estas dentro, te das cuenta de la mierda que te estás metiendo en el cuerpo, y de lo mucho que tienes por ganar si consigues desengancharte. Si eres fumador, te voy a dar unos consejos que a mí me están ayudando poco a poco y, gracias a ellos, tengo la esperanza que juntos podamos decir algún día... ¡YA NO SOY FUMADOR!

CAPÍTULO NOVENO

Capítulo Noveno. CONSEJOS BÁSICOS

Cuando decidas que vas a dejar de fumar, tendrás que estar seguro de que no vas a hacerlo nunca más, que no quieres volver a caer en esta adicción y, sobre todo, estar seguro de la decisión que vas a tomar. El día anterior tendrás que deshacerte de todo el tabaco que tengas, de los mecheros, y los ceniceros que tengas por casa, comenta a las personas de tu entorno que vas a intentar dejar de fumar, no aceptes cigarrillos, cuando te encuentres en sitios donde solías fumar, procura salir cuanto antes, no frecuentes cafeterías si lo hacías a menudo, deja de tomar café durante una temporada. Si ya has decidido dejar de fumar, respeta tu decisión a lo largo del día, no pienses que nunca más vas a fumar simplemente piensa que es lo que tienes que hacer hoy, que mañana será otro día. Evita las charlas después de comer y límpiate los dientes después de cada comida, frecuenta los sitios donde no se pueda fumar. Cuando tengas ganas de fumar, pégate una ducha, haz ejercicio, vete a lavar el coche o realiza cualquier tarea que te tenga entretenido, mantén las manos siempre ocupadas cuando tengas ganas de fumar. Cuando tengas ganas de fumar, no cedas ante ninguna calada, bebe muy líquido, sobre todo agua y zumos naturales. Los primeros días evita tener el estómago lleno, después de las comidas evita sentarte en el sofá, es mejor que salgas a pasear, ponerte a leer o lavar la loza. Cuando aparezca la sensación de querer volver a fumar, piensa inmediatamente en algo distinto al tabaco, piensa que no quieres volver a fumar. Cuando aparezcan esas sensaciones vete a lavar la cara, date una ducha, llama a alguien por teléfono, haz la limpieza en casa, ponte a cocinar etc. Pon el despertador diez minutos más tarde para no tener tiempo libre, cambia la rutina diaria, si convives con otro fumador dile que los primeros días no fume delante tuya, no te pongas a charlar después de comer, duerme unos minutos la siesta, sustituye el café por infusiones. Podría darte cientos de consejos, pero creo que para los primeros días estos son suficientes, siempre y cuando consigas llevarlos a cabo, que te aseguro no será difícil si de verdad pretendes dejar de fumar para siempre.

CAPÍTULO DÉCIMO

Capítulo Décimo. EL PRIMER DÍA DE ABSTINENCIA.

En este primer día de abstinencia empiezas a sentir los síntomas del "mono" al poco de levantarte, después de tomarte el desayuno, al coger el coche, después de cada tarea en tu empresa, a la hora del bocadillo, al salir del trabajo, después de tomar el café del mediodía, después de comer, de merendar, de cenar, de darte una ducha, en la parada del autobús, al sacar el perro a pasear, mientras juega el niño en el parque, en tus horas muertas, durante todas las tareas que desempeñes a lo largo del día, etc. En definitiva, tendrás el "mono" durante todo el día, eso no tiene solución y, el que diga lo contrario es que no sabe lo que es estar enganchado a esta droga. También es cierto que durante este primer día te das cuenta, que durante las primeras horas sin fumar, cuando sientes más ganas, es cuando te pones a pensar en que no vas a poder fumar nunca más, pero no nos damos cuenta que es lo que queremos realmente, y estamos pensándolo en todo momento. También es cierto que a lo largo del día, hay momentos que miras el reloj y te sientes orgulloso, pues han pasado tantas horas sin fumar y, piensas que lo estas consiguiendo, pero automáticamente vuelves a pensar que no vas a poder fumar nunca más, y vuelve el "mono" otra vez. Me he dado cuenta que lo mejor que se puede hacer este primer día es estar entretenido el mayor tiempo posible, y no pensar que no vas a fumar más pues es cuando más ganas vas a tener.

También sería bueno que no tengas el estómago muy lleno, pues después de cada comida seguro te entrarán las ganas de volver a fumar otra vez, con esto no quiero decir que estés sin comer todo el día, pero llena el estómago con comidas suaves y verás que lo llevas mejor.

CAPÍTULO DECIMOPRIMERO

Capítulo Decimoprimero. UNA DIETA EQUILIBRADA.

Has de reconocer que el ganar peso es una de nuestras mayores preocupaciones cuando dejamos de fumar. Es normal un aumento medio de peso de 2 a 4 kilos un año después de dejar el tabaco, pero esto varía de unas personas a otras, siendo las mujeres las que tienden a aumentar más de peso. El aumento de peso se atribuye a la desaparición de la nicotina de la dieta y al incremento de cantidad de calorías ingeridas, ya sea porque al dejar de fumar se recupera el sentido del gusto y del olfato, porque debido a la ansiedad se tiende a picar más entre horas o a la necesidad de tener las manos ocupadas y llevar algo a la boca. En comparación con los riesgos para la salud que conlleva el fumar el aumento de peso representa un riesgo muy leve. Como norma general primero deja de fumar y luego preocúpate de tu peso. De todas formas, si te preocupa el aumento de peso puedes controlarlo siguiendo una dieta equilibrada, reduciendo la cantidad de calorías sin renunciar a comer de todo. Sigue los siguientes consejos y te ayudara a conseguirlo:

PRIMERO: Cinco comidas al día.

SEGUNDO: Elige alimentos saludables.

TERCERO: Bebe agua o líquidos sin calorías.

LAS COMIDAS DEL DÍA

ALMUERZO: Toma a diario lácteo desnatado, frutas, cereales, mejor si son integrales.

MEDIA MAÑANA: Toma una pieza de fruta acompañada de una infusión relajante, un zumo, un lácteo, o dos rebanadas de pan.

COMIDA: Comienza las comidas con hortalizas frescas y de temporada, ensaladas (tomate, zanahorias, lechuga, pimientos...) o verduras. Combina pequeñas cantidades de cereales, legumbres y patatas. Incluye pescado habitualmente. Toma fruta de sobremesa y, en particular, las ricas en vitamina c (naranja, limón).

MERIENDA: Haz una toma ligera antes de cenar similar a la que hiciste a media mañana, toma una fruta, yogur, rebanada de pan con fiambre bajo en grasas, o una infusión.

CENA: Haz la cena temprano, siguiendo las mismas pautas de la comida del mediodía.

ANTES DE ACOSTARTE: Puedes tomar un vaso de leche desnatado.

ALIMENTOS SALUDABLES

Aumenta el consumo de fibras naturales, verduras, hortalizas, frutas enteras, pan y cereales integrales.

La fibra aumenta la sensación de saciedad y mejora la función digestiva. Aumenta el consumo de pescado, recuerda que el tabaco es un factor de riesgo de enfermedades cardiovasculares, y que las grasas de los peces ejercen un efecto beneficioso y preventivo desde tipo de enfermedades reduciendo entre otras el colesterol. Limita el consumo de grasas, especialmente las de origen animal, evita las carnes grasas, y utiliza siempre aceite de oliva para cocinar y condimentar. Evita el consumo de dulces, bollos y chocolates.

"BEBIDAS", infusiones, caldos vegetales, zumos naturales, gaseosa natural, bebidas "Light", es aconsejable tomar siempre un vaso de agua grande antes de cada comida. Evita el alcohol, las bebidas azucaradas o los refrescos ricos en calorías.

CAPÍTULO DECIMOSEGUNDO

Capítulo Decimosegundo. LA TEMIDA ANSIEDAD.

Todos los fumadores sabemos que es eso de la ansiedad después de intentar dejar de fumar, pero también lo saben las personas que están enganchadas a cualquier otra droga o las personas que tienen dependencia de cualquier otra cosa.

Para disminuir la ansiedad es mejor que sigáis estos consejos. Identifica las situaciones que te producen ansiedad, ayudando a evitarlas o modificarlas, practica técnicas de relajación. Realiza actividades gratificantes, lectura música, manualidades, etc. No te obsesiones con tu peso corporal, vigílalo periódicamente no más de una vez a la semana, y anótalo en una agenda, reforzará tu objetivo de mantener tu peso deseado. Realiza ejercicio todos los días y, si es a la misma hora, mejor. Es bueno caminar 30 minutos todos los días a paso rápido, pero no lo hagas solo, busca compañía para motivarte y no aburrirte Practica algún deporte en grupo (tenis, natación, fútbol, etc.).

Por lo menos dos veces a la semana, busca actividades que puedas realizar con la familia, baile, lavar el coche, trabajar en el jardín etc. Sube escaleras en vez de coger el ascensor, vete andando siempre que no necesites el coche, baja del autobús antes de llegar a tu parada etc. Te darás cuenta que cuando estás entretenido, la ansiedad no aparece por ningún lado, así que ya sabes, cuando esté a la vuelta de la esquina, ánimo, ponte a entretenerte con algo, sino quieres que el "mono" te ataque de nuevo. Ya sé que no es fácil, pero mírame a mí, contando las horas que me faltan para ir a la quimio, por no saber dar a tiempo la espalda a esa ansiedad que produce la nicotina. Sé fuerte mentalmente cuando te llegue ese momento, acuérdate del valor que le echaste cuando encendiste el primer cigarrillo, ¿no tuviste ansiedad, verdad? Pues ahora sí la tienes, deseas con locura esa calada pero no te engañes, esa ansiedad es producida por el gusano que llevas dentro, ahora lo tenías adormecido y quiere despertar, no cometas el error que cometemos muchos, pues algún día será él quién nos haga dormir para siempre. Los primeros días te aseguro no serán fáciles, pero no te engañes, en esta vida nada se consigue sin un poco de sacrificio.

CAPÍTULO DECIMOTERCERO

Capítulo Decimotercero. MIS ÚLTIMOS DÍAS

Han pasado seis meses desde que detectaran mi enfermedad, los médicos dicen que ya no merece la pena realizar más sesiones de quimioterapia, he vuelto a ingresar en el hospital pues llevo varias semanas con fiebres muy altas, ya no me quedan fuerzas para poder seguir escribiendo, he adelgazado hasta quedarme en los huesos, y mi aspecto deja mucho que desear. Solo pido como mi último deseo, que las personas que fuman y lean este libro, recapaciten a tiempo y puedan decir en alto algún día. ¡¡¡YA NO SOY FUMADOR!!!

Ese día podrás decir que vuelves a nacer, pues seguir fumando no te garantiza poder vivir con la salud que vas a tener desde ese momento y, lo que es más importante, serás tú mismo y no esa persona que tendría que depender del tabaco toda su vida.

Es difícil explicar con palabras lo angustiado que estoy viendo que pasan los días sin poder encontrar una solución a mi enfermedad, siento que cada día que pasa mi cuerpo está cada vez peor, las fiebres no remiten y mi color de piel se está volviendo amarillento.

No sé si mañana me despertaré, pero quiero que quede constancia que me muero por culpa del tabaco, esa fue la droga que me ha matado poco a poco y que está matando a mucha gente en el mundo cada minuto. Si estás fumando en este momento, piensa mucho lo que has leído pues algún día lo que me ha sucedido a mi también te puede suceder a ti.

No lo dudes, el tabaco como tú bien sabes es una droga, una droga que te está matando poco a poco, no permitas que tus pulmones se intoxiquen más, pues algún día querrás decir basta y a lo mejor ese día ya será demasiado tarde.

CAPÍTULO DECIMOCUARTO

Capítulo Decimocuarto. TODO FUE UN SUEÑO

Me acabo de despertar y estoy tumbado en la cama de mi habitación, he tenido una pesadilla terrible, estaba en un hospital y me diagnosticaron cáncer de pulmón. A todos los que leáis algún día este pequeño libro, deciros que puede ser de gran ayuda para dejar de fumar. Yo, después de tener esa pesadilla decidí ponerme a escribirlo, y escribiéndolo conseguí mentalizarme de que fumar no vale para nada. Si es verdad que quieres dejarlo, déjalo ya sin paliativos, no te arrepentirás y conseguirás una vida más sana.

Todo lo que habéis leído anteriormente sobre mi enfermedad ha sido un sueño que por desgracia en muchos casos llega a ser realidad. Por suerte no he llegado a tener que estar hospitalizado por culpa del tabaco, aunque como podréis comprobar más adelante, las consecuencias que ha acarreado el fumar en mi salud no dejan mucho que desear. Gracias a dios no me estoy muriendo ni mucho menos, pero con el título de este he libro he querido captar a todas esas personas que piensan que debían de dejar de fumar y no saben cómo hacerlo, que piensan que algún día la nicotina puede causarles un daño en el cuerpo irremediable, que desean de una vez por todas deshacerse de este vicio que les está costando un dineral, malestar general, y en definitiva, un sin vivir por no ser capaces, por su propia iniciativa, de dejar de fumar para siempre. Quiero que quede constancia que estoy escribiendo este libro con el propósito, también, de dejar yo de fumar para siempre, pues aunque lo de la enfermedad ha sido solo un sueño, lo que es verdad es que llevo doce años fumando y no sé cómo dejarlo. Después de tener esa pesadilla tan horrible, me he levantado con el propósito de intentar dejar de fumar y, lo que se me ha ocurrido es escribir este libro durante mis peores momentos por falta de la nicotina, pues dicen que el escribir hace que se te pasen mejor esos momentos de ansiedad cuando dejas de fumar. Todo lo que a continuación vas a leer, quiero que te quede claro que está escrito en momentos durante los cuales, lo que más deseaba en este mundo era ese cigarrillo que, como veréis más adelante, poco a poco se ha ido esfumando de mi vida diaria. Te animo desde estos renglones a que cuando os planteéis dejar de fumar para siempre, os pongáis a leer éste libro que, como verás más adelante, os hará recapacitar a la hora de seguir fumando, y si no lo crees así no sigas leyendo, pero nunca sabrás si yo, que llevo doce años fumando, consigo dejar de fumar junto a ti. Pues el propósito final de este libro no es otro que juntos dejemos de una vez por todas este vicio que nos está destrozando física, psíquica y mentalmente. Si continuas con esta lectura, te deseo la mayor suerte del mundo para que juntos consigamos de una vez por todas gritar a todos los vientos... **POR FIN SOY YA UN NO FUMADOR**.

CAPÍTULO DECIMOQUINTO

Capítulo Decimoquinto. NUNCA ES TARDE CUANDO LA DICHA ES BUENA.

Sigo escribiendo con el fin de que algún día deje este vicio que está acabando con mi salud. Hace unos días me realizaron un TAC para diagnosticarme una hernia discal y un pinzamiento en la columna que me está tocando el nervio ciático, desde hace varios meses me he quedado clavado varias veces teniendo que ser trasladado al hospital para quedar ingresado hasta poder andar por mi propio pie. Ahora mismo llevo cinco meses de baja, pues no soy capaz de desempeñar mi trabajo sin molestias continuas. Podréis pensar qué tiene que ver esto con el tabaco, pero por desgracia tiene que ver bastante, pues el fumar con los años va deteriorando los huesos y en mi caso ya me los está destrozando.

Tengo cita con el neurocirujano para estudiar mi caso, y considerar si tengo que operarme o realizar un tipo de ejercicio para fortalecer los huesos y así no pasar por el quirófano. Posiblemente tenga que realizar ejercicios de natación, bajar de peso y sobre todo dejar de fumar, espero que te unas a mí en esta nueva iniciativa y juntos dejemos de fumar y el día que acabe este libro, poder decir que soy un no fumador. Para empezar he decidido una fecha clave en mi vida para recordarla el resto de mis días. Hoy es 18 de febrero del 2009, son las 12 de la noche y, a solas, me voy a fumar mi último cigarrillo, ojalá esté en lo cierto pues le voy a poner todo el énfasis necesario, espero que te unas a mí en esta experiencia que puede ser inolvidable.

Sabemos que no va a ser fácil pero es lo que deseamos y, si tú estás conmigo, únete a mí y juntos lo conseguiremos. Voy a fumar mi último pitillo, tú haz lo mismo pero hazlo a solas y piensa que nunca más vas a fumar, te espero dentro de cinco minutos...

¿Qué tal? No sé tú, pero yo me lo he fumado hasta quemarme los labios, he regalado el mechero a mi cuñada y tirado el cenicero a la basura, espero que tú hagas lo mismo pues no es aconsejable tenerlo a la vista los primeros días. Yo suelo tomar dos, tres cafés diarios, ahora intentaré no ir a cafeterías durante algún tiempo, pues no es aconsejable frecuentar sitios de humo los primeros días. Solía fumar en el coche, ahora tendré que darle un lavado a fondo para que cuando entre no tener que soportar el olor a tabaco. En los próximos capítulos, juntos viviremos una experiencia única, pues cuando sientas el mono por fumar otra vez, lo mejor es que sigas leyendo para por lo menos desconectar unos minutos y comprobar que yo también lo estoy pasando mal. Por anteriores experiencias sé que los primeros días van a ser muy duros, pero deseo que esta vez sea la definitiva y, juntos, sobreponernos a esta esclavitud que nos tuvo atados tantos años de nuestra vida. No tienes por qué hacerlo, pero sabes que la ansiedad no tardará en apoderarse de nosotros, yo he comprado en la farmacia unos cigarrillos de plástico que tienen unos filtros que saben a distintos sabores, los hay de fresa, limón, menta... No tienen nicotina, duran más o menos una semana y solo cuestan 2,50 aunque hay farmacias que los venden a 1,80. Cuando tengas mono dale unas caladas a ver qué tal nos resulta, por lo menos no masticamos chicles de nicotina que, como he leído en un libro, si queremos dejar de fumar no nos tenemos que meter nada de nicotina en el cuerpo, pues así nos seguimos engañando a nosotros mismos. Bueno, mañana será nuestro primer día sin fumar, yo me voy a echar a dormir para levantarme con la esperanza de que comience una nueva etapa de mi vida más saludable, sin olor a tabaco y, sobre todo, sin la esclavitud de tener que estar dependiendo del tabaco el resto de nuestras vidas.

SI ERES FUMADOR TE ACONSEJO QUE SIGAS LEYENDO CUANDO FUMES TU ÚLTIMO CIGARRILLO...

RECUERDA QUE SI AÚN NO TE FUMASTE EL ÚLTIMO CIGARRILLO NO PUEDES SEGUIR LEYENDO...

A QUE ESPERAS, FÚMATELO YA, QUE TE ESTOY ESPERANDO EN EL PRÓXIMO CAPÍTULO...

MAÑANA SERÁ OTRO DÍA...
NO SIGAS LEYENDO.
HASTA MAÑANA.

CAPÍTULO DECIMOSEXTO

Capítulo Decimosexto. EL QUE A BUEN ÁRBOL SE ARRIMA, BUENA SOMBRA LE COBIJA....

Bueno, como he relatado anteriormente hoy comienza una nueva etapa en nuestra vida, espero que en la tuya pues yo he de reconocer que he fracasado nuevamente, me he levantado y lo primero que he hecho es ir a comprar un paquete de tabaco, un mechero, y ponerme a fumar como un poseso acompañándolo claro está del café de todas las mañanas. Espero que esto que te cuento no te sirva de ejemplo, pero si tú también has fracasado piensa que para ganar una guerra antes hay que ganar muchas batallas. Yo he perdido la primera, pero que te quede claro que no voy a ceder en el intento de ganar esta guerra, espero que si tú también has fracasado en el intento, te levantes y te sobrepongas con más fuerzas que el día anterior.
Me he sentido todo un fracasado al frustrar la esperanza que tenía depositada en éste nuevo amanecer, pero si te vale de algo, lo he pasado tomando varias iniciativas para no perder la siguiente batalla.
Llevo doce años fumando y como consecuencia de ello tengo la dentadura echa un desastre, he tomado la iniciativa de ahorrar en una hucha la cantidad que me gasto en cafés y en tabaco diariamente, y así poder arreglarme la boca. No sé lo gastáis diariamente, pero en mi caso son un mínimo de cinco euros diarios, si consigo ahorrar esa cantidad cada día al final de mes tendré ahorrados 150 euros y, al final de año 1750 euros. ¿Verdad que asusta el dinero que nos gastamos en

esta droga que nos está destrozando nuestra salud diariamente?
Durante el día de hoy he pensado mucho en eso y he decidido consultar en una clínica el presupuesto para arreglar toda mi dentadura. Cuando me lo han dicho me he quedado helado ¡11500! euros, ¿verdad que asusta? Gracias al haber estado doce años fumando. Así, de sopetón, parece una barbaridad, pero me tienen que implantar cinco piezas y cada una cuesta 1450 euros, total 7250 euros.
Puede parecerte todo un mareo de números pero con ello quiero demostrarte que lo que me cuesta un simple implante es lo que me gasto en tabaco y cafés en todo un año, ¿increíble verdad?
En definitiva, en cinco años tendré la boca como cuando empecé a fumar y, si no me mentalizo en dejar de fumar ahora mismo, en cinco años no me quedará ni un solo diente.
Podréis pensar quién soy yo para aconsejaros lo que tenéis que hacer o dejar de hacer, pero quiero deciros que mientras escribo este libro yo también estoy intentando dejar de fumar y, aunque me cueste, me gustaría que algún día cuando lo acabe de escribir, y tú de leer, podamos juntos decir que somos por fin... **NO FUMADORES**.
Después de tantos años fumando me he dado cuenta, y seguramente que muchos de vosotros también, que a veces deseamos hablar de nuestro problema con gente que también lo tiene y, así poder compartir nuestras angustias al querer dejarlo. Por ese motivo me he planteado escribir

éste libro, en el cual juntos compartiremos nuestros momentos más angustiosos a la hora de dejar ésta droga, yo escribiendo y tú leyendo. Deciros que en algún libro ley que la lectura y la escritura ayuda a pasar los momentos de abstinencia cuando intentas dejar de fumar, yo comparto esa teoría pues éste libro lo he escrito durante esas circunstancias, y he de reconocer que en los momentos que me pongo a leerlo se me olvida por completo el tabaco. Espero que mientras tú lo leas también te olvides por un momento de esta droga y algún día, juntos, la olvidemos para siempre. Después de haber fracasado en éste nuevo intento por dejar de fumar, he de reconocer que escribiendo éste libro he sentido por primera vez en doce años que estoy engañando a alguien, imaginándome que algún día éste libro sale a la luz y algún fumador que lo lea se sienta defraudado porque piense que le estoy mintiendo. Como he dicho en capítulos anteriores, he intentado dejar de fumar en sinfín de ocasiones, pero hoy he sentido que no me engañaba a mí mismo, sino que engañaba a todas esas personas que sueñan que leyendo éste libro algún día puedan olvidar el tabaco para siempre.

Si ya llevas un día sin fumar, enhorabuena, yo intentaré ganar la próxima batalla, si no lo has dejado todavía, únete a mí en la intención de ganar algún día la guerra a esta droga que tantas muertes está causando en el mundo entero.

CAPÍTULO DECIMOSÉPTIMO

Capítulo Decimoséptimo. UN NUEVO AMANECER.

Después de mi último fracaso he decidido levantarme con muchas más ganas en mi intento ya desesperado por dejar de fumar, espero que si tú aún no lo has conseguido te unas a mí y, juntos, compartamos nuestras angustias, digo juntos pues seguro que las mías también serán las tuyas. Durante los próximos capítulos relataré un pequeño diario de los primeros días de mi abstinencia, pues sólo así podrás compartir tus inquietudes sin tener que contárselas a nadie, pues lo que a continuación leerás seguramente será muy parecido a los síntomas que tú tendrás los primeros días. Si ya llevas varios días sin fumar enhorabuena, espero unirme a ti lo más pronto posible en esa nueva experiencia, mientras tanto os animo a los que no lo habéis dejado todavía, a levantaros después de haber perdido otra batalla y tomarse el día como un nuevo amanecer, pues solo así nos olvidaremos de nuestros intentos fallidos. En capítulos anteriores os he comentado que eligiésemos un día especial para dejar de fumar, pero después de varios años eligiendo días y horas, me he dado cuenta que ese día especial no llegará cuando tú quieras que llegue, si no solamente cuando te lo propongas de verdad. Que sepas que si sigues leyendo yo que estoy escribiendo, intentaré dejar de fumar a la vez contigo, pues un nuevo amanecer nos está esperando. Si realmente quieres dejar de fumar, sigue los siguientes pasos al pie de la letra.

PRIMER PASO:

Te aconsejo que te acerques a la farmacia más cercana y te compres un cigarrillo de esos que saben a sabores, después deshazte de todos los ceniceros y mecheros que tengas en casa, y en el coche, o en cualquier lado al alcance de tus manos, y prepárate para una nueva batalla que a lo mejor significa el final de la guerra contra el tabaco. No te garantizo que lo que a continuación vayas a leer te haga dejar de fumar, pues en esta guerra se pierden muchas batallas, pero si realmente lo que quieres es dejarlo ya, seguro que cuando vuelvas a caer vencido por culpa del "mono" volverás a levantarte y, al día siguiente, te despertarás con un nuevo amanecer.

SEGUNDO PASO:

Cuando dejamos de fumar nos sentimos como extraños en este mundo, pues la gente de nuestro alrededor o nuestros más allegados, no comprenden el estado de ansiedad y nerviosismo que se apodera de nosotros durante esos primeros días. Por eso mismo os redacto este pequeño diario, para que juntos consigamos vencer a ésta droga que nos está matando día tras día, y nos demos cuenta de una vez por todas, de lo tontos que somos al no darnos cuenta, de lo fácil que es realmente dejar de fumar.

Por ese motivo el próximo capítulo solamente léelo cuando tengas ganas de fumar realmente, y no aguantes más, pues solo así sabrás que yo también te estoy animando, pues escribiendo te estoy contando mis sufrimientos, para que no nos encontremos solos en estos momentos tan duros, pues seguramente mis angustias serán también las tuyas durante los próximos días.

TERCER PASO:

Sabemos que el principio va a ser difícil, o eso pensamos los que fumamos, por eso te propongo que te lleves ese cigarrillo que compraste, sabor a fresa, limón o menta, a todas partes pues te aseguro que durante los primeros días lo necesitarás como si fuera el comer de cada día, pero que con los días, sin darte cuenta, empezarás a sentir vergüenza de llevarlo contigo. Será entonces y, seguramente antes de cinco días, cuando recapacites y te des cuenta de lo fácil que fue dejar de fumar. Y si no lo consigues no te desanimes, pues al día siguiente habrá un nuevo amanecer.

CAPÍTULO DÉCIMO OCTAVO

Capítulo Décimo Octavo. MI PEQUEÑO DIARIO (Parte 1)

Son las dos de la tarde de un sábado 21 de febrero del año 2009, estoy sentado en la barra de una cafetería que suelo frecuentar todos los días para tomar el café del mediodía y mirar los partidos del fin de semana. No es un día especial que tenga que significar por algún hecho en concreto, si no fuera porque a esta hora, las dos de la tarde, he decidido fumar mi último cigarrillo, o eso espero después de estar doce años fumando. Suelo fumar en la cafetería acompañándolo de un café varias veces al día, muchos de vosotros que estáis intentando dejar de fumar ahora mismo y frecuentáis algún bar, estaréis tomando vuestro cubata, vuestra caña, o mismo vuestro café mientras fumáis ese cigarrillo que os sabe a gloria. He decidido contarle a las camareras que veo todos los días desde hace ocho años, que durante algún tiempo no voy a pasar por la cafetería, pues me he planteado dejar de fumar de una vez por todas (espero que tú hagas lo mismo, pues es primordial contarlo a algún amigo y sobre todo a los más allegados). Les regalé el mechero y me dieron todo su apoyo para que consiguiera mi propósito. Estando ya en casa, cuando se lo conté a mi mujer, su respuesta fue, (no me cuentes cuentos que siempre es lo mismo), y tiene toda la razón del mundo, pues llevo doce años contándole lo mismo y hasta día de hoy no he sido capaz de conseguirlo. Las primeras horas las he invertido escribiendo y leyendo, eso sí, de vez en cuando con el cigarrillo de menta en la boca,

después me he dedicado a jugar domino y cuando me di cuenta ya eran las doce de la noche.
(Es primordial no pensar que no vas a fumar nuca más, pues cada vez que lo pienses la ansiedad será aun mayor).
Muchas otras veces que he intentado dejar de fumar me he pasado la mayor parte del día pensando que no iba a ser capaz de estar toda la vida sin fumar, pero en esta ocasión cuando sentía ansiedad me imaginaba que me fumaba el cigarrillo de menta, incluso me imaginaba cómo echaba el humo por la boca, no quiero decir con esto que tu también lo hagas, pero te aseguro que los primeros días, el poder llevarte a la boca ese pitillo de plástico, te aliviará la ansiedad en esos momentos críticos.
Sin darme cuenta son las dos de la mañana, y por primera vez desde hace muchos años, no me he pasado el día pensando que no iba a fumar más, pues el llevarme ese pitillo de plástico a la boca ha aliviado mis angustias, el solo hecho de poder tener en los dedos ese cigarrillo sobre todo después de la comida y la cena y en los momentos de irritación y ansiedad, ha propiciado que llevara el día con menos angustias que otras veces.
Bueno, han pasado doce horas desde que he dejado de fumar, son las dos de la madrugada y voy a echarme a dormir.
Las conclusiones de este primer día sin tabaco son muy halagüeñas, espero que sigas los siguientes consejos, pero que sepas que si ya has fracasado en el intento de dejar de fumar, te levantes con un

nuevo amanecer y luches en la próxima batalla, pues esta guerra no ha hecho más que comenzar, te espero en el próximo capítulo, ánimo y suerte, yo ya llevo unas horas sin tabaco, tú puedes unirte a mí en la próxima batalla.

Primer consejo: No pienses nunca, que no vas a fumar más.

Segundo consejo: Llévate siempre el pitillo de plástico a la boca cuando estés irritado, angustiado, nervioso o pienses en el tabaco, incluso imagínate que te lo fumas de verdad.

Tercer consejo: Pasa la mayor parte del día entretenido con algo que te tenga las manos ocupadas.

Cuarto consejo: Procura no tener el estómago lleno, tendrás menos momentos de ansiedad.

Quinto consejo: El próximo capítulo solo podrás leerlo cuando lleves un día sin fumar, pues quiero que juntos algún día consigamos ganar esta guerra al tabaco, yo ya he ganado la primera batalla, he estado un día sin fumar, cuando tú ganes la tuya espero que te unas a mí en el próximo capítulo... Ánimo te estoy esperando.

ULTIMO CONSEJO:
NO LEAS EL PRÓXIMO CAPÍTULO HASTA QUE LLEVES UN DÍA SIN FUMAR, SI NO, NO TENDRÁ EL EFECTO DESEADO, TE LO ASEGURO, SÉ PACIENTE Y CONSIGUE AGUANTAR UN DÍA, YO LLEVO 12 AÑOS FUMANDO Y HE CONSEGUIDO AGUANTAR.
¿NO VAS A SER TÚ CAPAZ?
NO ME LO CREO… SUERTE, TE ESPERO.

CAPÍTULO DÉCIMO NOVENO

Capítulo Décimo Noveno. MI PEQUEÑO DIARIO (Parte 2)

Hoy a las dos de la tarde ha hecho un día que he dejado de fumar...
(Si tú estás leyendo esto querrá decir que también lo has conseguido, enhorabuena).
Son las nueve de la mañana y me dispongo para llevar a mi hijo a la guardería, tengo que coger el coche durante veinte minutos, he de reconocer que nada más entrar en el coche he sentido el olor a tabaco de los días anteriores, algo que no me ocurría desde bastantes años.
Normalmente, ya hubiera fumado de madrugada, pues me levantaba todas las noches a fumar un cigarrillo, igual que nada más levantarme y al entrar en el coche. Hoy no ha sido diferente a otros días, pues de madrugada también me he levantado con ansias de fumar, pero he cogido el cigarrillo de plástico y me he imaginado que me lo fumaba, igual que al levantarme y en todos los momentos del día que tuviera ansiedad. Aparentemente parece una tontería, pero esos veinte minutos en el coche no se me hicieron eternos pues me imaginé, incluso, que tiraba las colillas por la ventana, aspiraba ese cigarrillo de plástico con un ímpetu fuera de lo normal, y lo llevé entre los dedos durante todo el recorrido.
Le pedí a mi mujer que hoy me escondiera la cartera, pues por experiencias anteriores sé que en los peores momentos si tuviera dinero seguro que compraría tabaco. Me planteé ir a desayunar a una cafetería que no suelo frecuentar, para ver hasta qué punto era capaz de controlar mi ansiedad, eso sí con mi mujer, pues si no, seguro que ya hubiera

fracasado. Cuando entramos no había nadie, pero al poco rato se sentó un cliente en la barra y se puso a encender un cigarrillo, un ardor inexplicable empezó a recorrer mi cuerpo, hacía veinte horas que no miraba un cigarrillo tan de cerca, tuve que coger el de plástico y hacer que me lo fumaba, aunque por primera vez en doce años me dio vergüenza tenerlo en la boca, pues sentí pudor al pensar que se dieran cuenta de lo que estaba haciendo. Aún así, lo mordía entre las manos mientras leía el periódico.

Este primer día he de reconocer que no ha sido tan duro como otras veces que he intentado dejar de fumar, los momentos que tenía más ganas de fumar cogía el cigarrillo de plástico y hacía que me lo fumaba, (te darás cuenta que a medida que lo hagas, cada vez lo tendrás menos en la boca, y por lo tanto la ansiedad durará menos de lo habitual).

A continuación te daré unos consejos que te vendrán muy bien.

Primer consejo:

Prueba el ir a un sitio donde estén fumando para comprobar tu valía, pero siempre acompañado de la persona que le prometiste dejar de fumar.

Segundo consejo:

No lleves dinero contigo, no pases cerca de cafeterías o estancos siempre que vayas solo, procura llevarte a la boca ese cigarrillo de plástico siempre que lo necesites.

Tercer consejo:
Pasa la mayor parte del día fuera de casa no te encierres dentro de ella.

Cuarto consejo:
Procura lavar el coche para que no te quede ese olor a tabaco

Quinto consejo:
Hazte con un calendario y vete tachando los días que llevas sin fumar, compra una hucha y vete ahorrando lo que te gastabas en tabaco cada día, yo, incluso, estoy ahorrando lo que me gastaba en cafés.

CAPÍTULO VEINTE

Capítulo Veinte. MI PEQUEÑO DIARIO (Parte 3)

Hoy es lunes 23 de febrero, a las dos de la tarde se cumplirán dos días desde que he dejado de fumar, pero a lo largo del día sufriré mis peores momentos por falta de la nicotina.
Me he levantado alterado, como consecuencia lo han pagado mi mujer y mi hijo, he estado la mayor parte del día eléctrico, no podía parar en un sitio quieto, el pitillo de plástico ya no me lo imaginaba fumando, lo terminaba mordiendo a todas horas, pero he de reconocer que, poco a poco, cada vez lo tengo menos tiempo en la boca y, también he decidido permanecer la mayor parte del tiempo fuera de casa con mi mujer y mi hijo, eso me ha ayudado a no perecer en el intento de dejar de fumar.
Son las dos de la tarde y se cumplen dos días desde que deje el tabaco, quiero reseñar que los momentos de mayor angustia, cuando estaba en casa, los pasaba escribiendo o leyendo, eso me ha ayudado bastante.
Por la tarde discutí con mi mujer, debido todo al estado alterado en el que me encontraba, y por primera vez se me paso por la cabeza el ir a comprar tabaco al bar, agarré el pitillo de plástico y me fui a hacer que me lo fumaba a solas.
Por la noche sucedió algo que me hizo pensar. Cuando me iba a imaginar que me fumaba el pitillo de plástico, me pareció que estaba haciendo el ridículo, pues a mi lado un chico estaba encendiendo el suyo y pensé para mí: no sabes lo que estás haciendo, y a continuación guarde el mío en el bolsillo. Muchas veces he leído en libros que

cuando dejas de fumar, el llamado "mono", desaparece automáticamente sin darte cuenta y en menos tiempo de lo que pensamos, yo creo que eso que me ocurrió me dio que pensar, pues hasta que me acosté no volví a tener ganas de imaginarme fumando lo que ya sabemos. Me acostaré más feliz que nunca, pues mañana se cumplirán tres días sin probar el tabaco. No es la primera vez que dejo de fumar tres días, pero sí que es la primera vez que no he tenido prácticamente el "mono", y eso creo que es debido a que he engañado a mi cerebro, haciendo que me fumaba el cigarrillo de plástico en los peores momentos, y sobre todo no pensar que no voy a fumar más. Ahora te doy unos consejos que espero sigas a rajatabla pues son muy importantes, de verdad.

Primer consejo:
OS ASEGURO A LOS QUE ESTÁIS INTENTANDO DEJAR DE FUMAR, QUE ÉL ECHO DE NO PENSAR QUE NO VAS A FUMAR NUNCA MÁS, TE GARANTIZA UN 75% DE ÉXITO, PUES YO LLEVO 12 AÑOS PARA DEJARLO Y SIEMPRE QUE LO HE INTENTADO NO ME LO SACABA DE LA CABEZA, PERO ESTA VEZ CUANDO ME VENÍA ESE PENSAMIENTO ME METÍA EN LA BOCA EL CIGARRILLO DE PLÁSTICO, Y ESOS CINCO MINUTOS SE PASABAN RÁPIDAMENTE Y CON MENOS SUFRIMIENTO, TE LO ASEGURO. HAZ LA PRUEBA Y NO TE ARREPENTIRÁS, SI CONSEGUIMOS ENGAÑAR

AL CEREBRO ESTOS PRIMEROS DÍAS, SEGURO QUE NOS SERÁ MÁS LLEVADERA LA ABSTINENCIA A LA NICOTINA.

Segundo consejo:
EL OTRO 25% LO PONES TÚ CON TU INTENCIÓN DE QUERER REALMENTE DEJAR DE FUMAR, PERO TE ASEGURO QUE CON ESE CIGARRILLO QUE VENDEN EN LAS FARMACIAS, CONSEGUIRÁS REALMENTE PASAR MEJOR ESOS PEORES MOMENTOS, PUES ESTARÁS ENGAÑANDO AL CEREBRO Y CON EL TIEMPO TE DARÁS CUENTA QUE TE ESTÁS ENGAÑANDO A TI MISMO, Y QUE ESTÁS HACIENDO EL RIDÍCULO PUES YA NO NECESITAS LLEVARTE ESE CIGARRILLO A LA BOCA. ENTONCES SERÁ CUANDO TE PREGUNTES REALMENTE... ¿TANTOS AÑOS HAN TENIDO QUE PASAR PARA QUE ME DIERA CUENTA DE QUE ME ESTABA ENGAÑANDO A MÍ MISMO FUMANDO ESTA MIERDA? ¿TANTOS AÑOS HAN TENIDO QUE PASAR PARA CONSEGUIR QUITARME DE LA CABEZA LA OBSESIÓN POR FUMAR?

Tercer consejo:
NO PIENSES QUE TIENES LA GUERRA GANADA PUES PARA QUE ESO OCURRA ANTES SE PIERDEN MUCHAS BATALLAS.

NO SIGAS LEYENDO HASTA QUE LLEVES 3 DÍAS SIN TABACO.

CAPÍTULO VEINTIUNO

Capítulo Veintiuno. MI PEQUEÑO DIARIO (Parte 4)

Hoy es martes 24 de febrero, por culpa de los dolores en mi espalda a consecuencia de la hernia discal que tengo, he decidido quedarme en casa hasta las cuatro de la tarde. Cuando me levanté me preparé un desayuno, pero lo más importante fue que después de tomármelo, no necesité llevarme el cigarrillo a la boca. Cómo estaba solo en casa, y no quería que me entrara la ansiedad, me puse a escribir cuatro horas seguidas, a las dos de la tarde se cumplía el tercer día sin fumar, lo celebré llamando a mi mujer para contárselo.

Cuando me disponía a coger el ascensor para dirigirme al coche a eso de las cuatro de la tarde, sucedió algo fantástico, por primera vez en doce años me di cuenta de lo que es entrar en un ascensor cuando alguien ha fumado anteriormente. Me di cuenta de que es cierto eso que dicen de que los fumadores no tenemos el olfato al cien por cien, pues hasta ahora nunca había tenido esa sensación. Puede ser que empiece a desconectar un poco del mundo del tabaco o, por lo menos, empiezo a notar sensaciones favorables que no había tenido antes.

Durante toda la tarde no he necesitado llevarme el cigarrillo a la boca, no sé decir si por culpa de la vergüenza de que alguien me viera, o por qué en realidad tuve pocos deseos de imaginarme que estaba fumando. En definitiva, éste tercer día se ha esfumado y cada vez tengo menos ganas de fumar, por no decir que casi ni se me ha pasado por la cabeza.

Parece mentira pero mañana ya se cumplirá el cuarto día sin fumar, espero de todo corazón que tú también lo hayas conseguido, pues eso querrá decir que vas por el buen camino, eso querrá decir que hemos ganado otra batalla, eso querrá decir que el final de ésta guerra cada vez está más cerca. Espero que te acuestes feliz una vez que te vayas para cama pues juntos ya hemos logrado pasar estos tres primeros días sin fumar, tenemos ahorrados 12 euros en la hucha, y lo que es más importante, nos creemos que podemos dejar de fumar. Seguramente pienses que a medida que pasen los días las ansias por volver a fumar volverán, pero reconoce que si ya has estado tres días sin probar esa droga es porque realmente quieres dejarlo para siempre, ¿por qué te vas a martirizar a sabiendas que una vez lo pruebes mandaras al traste todo el esfuerzo que llevas años por intentar conseguir y que ya estás consiguiendo?

CAPÍTULO VEINTIDÓS

Capítulo Veintidós. MI PEQUEÑO DIARIO (EPÍLOGO)

Mañana se cumplirá el cuarto día sin fumar, espero que todo lo que has leído anteriormente te haya servido de mucho en tu intento por dejar el tabaco. Quiero que sepas que si aún sigues fumando es porque no has seguido los pasos que te he indicado. A lo mejor es que aún no estás seguro de que en realidad quieres dejar de fumar, pero no te desanimes, como te he dicho anteriormente puedes caer en varias batallas, pero si realmente te lo propones acabarás venciendo esta guerra. Te lo digo yo que llevaba doce años fumando y había intentado dejarlo en innumerables ocasiones, al final no es tan difícil como parece, sólo es cuestión de engañar al cerebro, yo te he demostrado una manera sencilla de hacerlo, pero aparte de esos cigarrillos de mentira, tú puedes plantearte engañarlo de otra manera, sólo tienes que usar la imaginación, y cuando te des cuenta ya habrás dejado de fumar, eso sí, es primordial que no te comas la cabeza pensando que vas a estar toda la vida sin fumar, porque entonces es mejor que ni lo intentes, pues tú cerebro te ganará a ti, y acabarás fumando otra vez.
Espero de todo corazón que éste pequeño diario te haya hecho reflexionar sobre lo fácil que es estar unos días sin fumar, ahora también es verdad, de nada vale el volver a probar un cigarrillo, pues sabemos perfectamente que acabaremos volviendo a caer en el vicio otra vez. Espero que si algún día por cualquier circunstancia vuelves a probar el tabaco, te vuelvas a leer bien este pequeño diario,

pues como ya te he dicho anteriormente, en esta guerra se pierden muchas batallas, pero lo importante no es caer vencido, es levantarse y luchar por ganar la próxima, pues por desgracia esta droga estará alrededor nuestra el resto de nuestros días.
Por cierto, mañana es el día del entierro de la sardina, ojalá yo también entierre todas las ganas que tenía hasta hace unos días de estar fumando la mayor parte del tiempo. Sería bonito dejar de fumar para siempre en unas fechas tan concretas como las del carnaval, por lo menos es lo que yo pienso, y sería una fecha que no volvería a olvidar para nunca jamás, pues sería durante los carnavales del año 2009, cuando por fin conseguí enterrar esta droga que me estaba matando poco a poco. Ojalá algún día, tú que estás leyendo este libro, puedas levantarte alguna mañana y poder decir que, gracias a la lectura de éste mismo, conseguiste dejar de fumar para siempre.
Me sentiría orgulloso por cada persona que gracias a él, consiguiera olvidar el tabaco para siempre, de verdad. Bueno, espero que si, como yo, llevas tres días sin fumar, continúes junto a mí en este empeño que le hemos puesto para conseguirlo. En el próximo capítulo te narraré las conclusiones de mi primera semana de abstinencia sin el tabaco, espero que tú, leyéndolas, saques las mismas conclusiones, eso querrá decir que vamos por el mismo camino, pero aunque no compartas mis teorías no te desanimes, pues cada persona es un mundo y cada caso a lo mejor hay que tratarlo de

otra manera, pero seguro que muchos de vosotros que estáis leyendo este libro, os encontraréis en las mismas circunstancias que yo, entonces seguro que tienes ganas de saber cómo será tu primera semana de abstinencia, así que no te hago esperar más, ponte a leer el próximo capítulo. Te adelanto, por si te vas a plantear dejarlo una semana que, no lo dudes, pues ante mi sorpresa, en mayúsculas, ha sido menos complicado de lo que pensaba iba a ser, te lo aseguro. El próximo capítulo léelo al tercer día de dejar de fumar, pues solo así querrás comprobar si es cierto lo que vas a leer a continuación, aunque te aseguro que ha sido todo real, te lo está contando una persona que llevaba hasta hace tres días doce años seguidos fumando, y que de una vez por todas ha conseguido abstenerse de la nicotina durante una semana. Te animo a través de estas letras a que te plantees dejarlo una semana, y ya verás lo fácil que al final te resulta, te lo aseguro, pues yo por fin lo he conseguido después de doce largos y eternos años metiéndome esa droga en el cuerpo, y cada día que pasa soy la persona más feliz del mundo... Plantéatelo pues vas a vivir situaciones que no has vivido desde que eres fumador, y si no lo quieres ver así es que en realidad no te apetece dejar de fumar, pero entonces pregúntate... ¿Por qué has comprado este libro?

NO SIGAS LEYENDO HASTA QUE LLEVES UNA SEMANA SIN FUMAR.

CAPÍTULO VEINTITRÉS

Capítulo Veintitrés. PRIMERA SEMANA DE ABSTINENCIA.

Si estás leyendo estos renglones querrá decir que has conseguido dejar de fumar durante una semana.
¡Enhorabuena, yo también lo he conseguido!
Ahora voy a compartir mis experiencias contigo para que juntos las estudiemos y saquemos conclusiones.
Ese pitillo del que te he hablado largo y tendido en capítulos anteriores, una semana después ya no hago que lo fumo, sino que lo muerdo entre los labios, pero para ser sincero menos tiempo que lo que tardaba en fumar uno de verdad, a veces incluso lo tengo unos segundos y lo retiro rápidamente.
Esta semana me ha pasado más rápida de lo que me había imaginado antes de dejar de fumar, puede ser que las ganas que tenía en que pasaran los días haya ayudado un poco, pero la verdad es, que ni me he acordado del tabaco prácticamente nada. Tengo que reconocer que no frecuento prácticamente las cafeterías, y cuando lo hago y veo que alguien enciende un cigarrillo me pongo el mío en la boca, así me pasa más rápido ese momento de angustia que cada vez es menor. También es cierto que no he parado toda la semana de contárselo a todo el mundo, y eso me ha dado ánimos de seguir en mi ímpetu de conseguirlo, pues todas las personas a las que se lo he comentado no han dudado en felicitarme y animarme en seguir adelante, incluso compañeros que también tienen ganas de dejar de fumar.

Es cierto que he estado toda la semana la mayor parte del tiempo nervioso, no paraba quieto en ninguna parte, y más de una discusión acalorada con mi mujer ha sido debido a la falta de la nicotina, menos mal que lo ha sabido llevar de la mejor manera posible, incluso en momentos de tener que ignorarme por completo aunque parezca mentira decirlo, pues me hacía insoportable, pero eso me ha demostrado lo mucho que yo dependía de esta droga, que mientras me la estaba fumando no me daba cuenta ni por asombro. Durante esta semana ha habido momentos que me gustaría reseñar, pues son situaciones que jamás hubiera pensado poder llegar a tener:

1 - Recuperarás el olfato, sobre todo en las comidas y al salir de casa por las mañanas.

2 - Sentirás desagradable el olor de tabaco en el coche, ascensor, cafeterías, en todos los sitios en general.

3 - Ya no sentirás tantas ansias por fumar, eso sí, siempre que me hubieras hecho caso y en esos momentos te metieras en la boca ese cigarrillo de plástico.

4 - Por arte de magia dejarás de toser por las noches, dejaras de echar esas flemas por la boca, dejarás de sentirte tan irritable como los primeros días.

5 - Posiblemente si me has hecho caso tendrás ahorrado en la hucha no menos de 25 euros.

6 - Seguro que te haces adicto durante algún tiempo a las pipas por lo menos en mi caso así ocurrió y te garantizo que llevas mejor esos momentos que ya no te apetece tener ese pitillo de plástico en la boca (empiezas a darte cuenta de lo tontos que éramos cuando nos pasábamos la mayor parte del día con el cigarrillo en la boca, pues este de plástico ya sólo lo empiezas a agarrar entre los dedos y, poco a poco, te vas dando cuenta que ya no lo necesitas, aunque ojo, puede ser que en algún caso necesites llevarlo más tiempo que otras personas).

7-Cada día que pasa te sientes más orgulloso que el día anterior, pues te das cuenta que has superado otra batalla y que no tardara en llegar el final de esta guerra.

8 - Seguramente hagas cosas que no solías hacer antes, lavar la loza en casa, darle un lavado a fondo al coche, salir más a pasear, darle más tiempo a tu hijo (sobre todo jugando con él, te ayudará a pasar mejor esas tardes en el parque, en vez de estar leyendo el periódico mientras te fumas ese cigarrillo que antes nos sabía a gloria, y que ahora parece que ya no lo necesitamos tanto como antes).

9 - Notarás el olor a tabaco en la ropa cada vez que frecuentes sitios donde han estado fumando, algo

que no te ocurría posiblemente desde que empezases a fumar.

10 - Posiblemente notes algún malestar en el cuerpo y pienses que es por la falta de nicotina, dolor de huesos, dolor de cabeza, mareos, malestar en general, pues no estás mal encaminado, pero te aseguro que esos momentos acaban muy pronto por desaparecer, antes de lo que te imaginas.

Podría estar escribiendo anécdotas durante varias páginas, pero me gustaría que las descubrieras por ti mismo porque te aseguro que son muy gratificantes, más de lo que te puedas imaginar. Jamás hubiera pensado que en solo una semana iba a tener tantas sensaciones positivas. Empiezas a darte cuenta de lo mucho que puedes ganar al dejar de fumar, y de lo mucho que te estabas perdiendo mientras, día tras día, te metías esa droga en el cuerpo, estás más saludable, ya no estás tosiendo todo el día y en el fondo estás más feliz.

CAPÍTULO VEINTICUATRO

Capítulo Veinticuatro. NO DEJES QUE EL TABACO TE MANEJE.

El dejar de fumar siempre exigirá una voluntad y una decisión firme, por eso no creas que si llevas una semana sin fumar ya habrás ganado esta guerra, pues tu voluntad y decisión tendrá que permanecer siempre contigo, pues no sabes cuando esta droga puede hacer volverte a caer, y más ahora que llevas tan sólo una semana sin fumar.

Podrás leer cientos de libros, podrás escuchar cientos de testimonios, pero nada es comparable con el conseguir dejar de fumar después de doce años, por tu propia iniciativa, y más aún, sin tener que tomar ningún complemento que sustituya a la nicotina. Si realmente quieres vivir, tendrás que proponértelo muy en serio, pues el recaer es volver otra vez al principio y, aunque sabes que puedes perder muchas batallas, llegados a este punto, es una pena tener que volver a ganar estas siete batallas que hemos ganado durante a lo largo de esta semana.

No podemos permitir que el tabaco nos maneje, no podemos permitir que algo tan insignificante como un cigarrillo sea un quebradero de cabeza el resto de nuestros días, tenemos que ser más fuertes que nunca ahora que llevamos una semana sin fumar. Posiblemente a lo largo de las próximas semanas, tengamos alguna recaída, pero es cuando tenemos que ser nosotros mismos, y no dejarnos manejar por esa droga que deseamos desaparezca de nuestras vidas para siempre.

Durante los próximos días tenemos que seguir como hasta ahora, ponerle mucha ilusión cada día que pasa, pues solo así ganaremos batalla, tras batalla. Por otras experiencias te puedo asegurar que algún día tendrás ganas de encender ese cigarrillo que antes sabía a gloria, pero en ese momento acuérdate siempre que puedes volver a meterte ese de mentira en la boca, y volver a engañar al cerebro, pues seguro muchos de vosotros a las pocas semanas de usarlos, ya dejasteis de comprarlos pues pensabais que ya no lo ibais a necesitar.

Cuando llegue ese momento piensa siempre que eres un no fumador, que te pasaste la mayor parte de tus años intentando dejar el tabaco y que, ahora que lo conseguiste por una temporada, quieres echarlo todo por la borda, no dejes jamás que el tabaco te maneje, volverás a ser la persona insegura que eras antes, pues te sentirás otra vez fracasado por haber vuelto a fumar, sentirás otra vez que te has vuelto a engañar a ti mismo, y te volverá a costar ganar otra vez tantas batallas como hasta ahora has conseguido, pues cada año serás mayor, y las ganas que le puedes poner en el empeño ya no serán las mismas. Por desgracia no te puedo asegurar que esta guerra tendrá un final feliz, pues ésta droga posiblemente esté entre nosotros el resto de nuestras vidas, pero si tú le pones el empeño que le has puesto hasta ahora, seguramente tendrás mucho más que ganar que las personas que se han quedado en el camino, pues han dejado que el tabaco manejara sus vidas, mientras que tú, como yo, llevaremos una vida más saludable, y más energética que todas esas personas que han sido incapaces de dejar esta droga que los está matando poco a poco...

Te propongo que siempre que estés con una persona de esas que han sido incapaces de dejar de fumar, les animes, pues así te estarás animando a ti mismo, día tras día, sobre todo ahora que llevamos tan sólo una semana sin fumar. Parece que fue ayer cuando te propuse dejar el tabaco y sin darme cuenta ya ha pasado una semana, para ser sincero me ha pasado volando, espero que a ti te haya sucedido lo mismo, pues eso querrá decir que seguimos por el buen camino. No sé si en el próximo capítulo conseguiré mantener en pie la promesa que me hice a mí mismo, pero como también la estoy haciendo para todos vosotros que estáis leyendo éste libro, os aseguro que pondré todo mi empeño en conseguirlo. Espero que tú también cumplas tu promesa, Por si en algún momento te encuentras en una situación extrema de no aguantar más, te recuerdo que fuiste tú el que quiso dejar de fumar, fuiste tú el que quiso salir de esta droga que te estaba matando física y mentalmente y, recuerda siempre, no eres una marioneta que el tabaco pueda manejar a su antojo cuando quiera, si no sólo cuando tú se lo permitas, que espero no vuelvas a permitir, pues el esfuerzo que le has puesto hasta ahora a la larga tendrá sus beneficios, te lo aseguro.

TE LO VUELVO A RECORDAR... NO DEJES QUE EL TABACO TE MANEJE, SÉ TÚ MISMO.

CAPÍTULO VEINTICINCO

Capítulo Veinticinco. MI SEGUNDA SEMANA DE ABSTINENCIA.

Después de habérseme diagnosticado una hernia discal, darme cuenta de que tengo que gastarme una fortuna en arreglarme la dentadura y, físicamente encontrarme bastante mermado, me he dado cuenta de que a veces en la vida tienes que pasar por un mal trago para darte cuenta de lo privilegiados que somos cuando tenemos salud.
Te aseguro si no has sido capaz de permanecer dos semanas sin fumar, que mentalmente me encuentro más fuerte que antes de dejarlo, cada día que pasa estoy más ilusionado en esta iniciativa que me he planteado yo solo sin ayuda de ninguna otra persona, ni de ninguna institución, que trabajan con el propósito de ayudar a gente como nosotros a dejar de fumar. Esta segunda semana que al fin y al cabo es lo que os interesa saber a los que estáis fumando todavía, deciros que si aún no has conseguido dejarlo, te puedo asegurar que ha sido más llevadera que la anterior, los momentos de ansiedad apenas los padeces como antes y, lo que es más importante, mentalmente ya no te comes la cabeza pensando en el tabaco a todas horas. Continúo de vez en cuando echando la mano a ese cigarrillo del que te he hablado en capítulos anteriores, pues es verdad que aunque pocas veces, pero una que otra vez si he necesitado tenerlo un poco de tiempo entre los dedos, o en la boca, pero solo viendo partidos en la televisión, en momentos de estrés, o al conducir, pero te prometo que esa ansiedad que tenía al principio ni por asombro la tengo ahora.

Después de estar dos semanas sin fumar ni tomar cafés diariamente como antes, ya tengo ahorrados en la hucha ¡70 EUROS!, y eso me motiva cada día más en mi propósito de dejar esta droga para siempre, Espero que tú te lo propongas de una vez por todas, pues te aseguro que es muy gratificante el comprobar, que vas ahorrando un dinero que hace tan solo dos semanas lo estabas malgastando en estropear tu salud diariamente, y engañándote a ti mismo, pues no te dabas cuenta de lo mucho que ganas sin fumar esa droga.

A veces cuando estoy a solas, me pongo a pensar por que antes me había sido tan difícil el conseguir desengancharme de este vicio que me ha tenido atado tantos años, y las conclusiones a las que llego, siempre son las mismas; Primero tienes que querer, y el querer es poder, después tienes que plantearte gratificarte de alguna manera diariamente tu propósito de dejar el tabaco, por ejemplo ahorrando lo que te gastabas todos los días.

Y por último, no pensar nunca cuando te llegue ese momento de ansiedad, de que no vas a fumar nunca más, piensa en otra cosa automáticamente, engaña al cerebro entreteniéndolo durante cinco minutos (haciendo que fumas ese cigarrillo de sabores, leyendo cualquier libro, o mismo escribiendo tu propia historia como estoy haciendo yo con la mía). Parece mentira decirlo, pero tan solo dos semanas después de dejar de fumar, se me hace insoportable el olor a tabaco en la ropa que llevo encima, incluso viendo el partido en el bar

donde antes yo fumaba como un descosido, tengo que procurar estar un poco apartado de la gente que está fumando pues me produce irritación en los ojos. El volver a frecuentar los sitios donde antes fumaba, y demostrarme a mí mismo que soy capaz de estar sin tener que caer en la tentación, me ayuda mucho más en mi intento de dejarlo para siempre, más aún cuando te encuentras con la gente a la cual dos semanas atrás dijiste que ibas a plantearte dejarlo, y que como a mí seguro también a ti te felicitarán incluso los que aún ahora están fumando, pues se dan cuenta de que le estamos poniendo empeño de verdad.
Puede ser que en mi caso el estar de baja debido a mi hernia discal haya ayudado a llevarlo un poco mejor, pues no tengo que vivir el estrés del trabajo todos los días, pero seguro que tú a lo largo de todo el año tendrás tus momentos de vacaciones, y ese es un momento donde el cual puedes plantearte dejarlo para siempre. Además, siempre tendrás ese cigarrillo de sabores que podrás llevarte a la boca, siempre que tú quieras y lo necesites. No me cansaré de decir que me siento orgulloso de llevar dos semanas sin fumar, pues llevo doce años intentándolo y seguramente cualquiera de vosotros que algún día lo consiga no parara de repetírselo, pues es una gran noticia para tu economía y sobre todo para tu salud y la de los que te rodean. El hecho de estar escribiendo este libro a medida que intento dejar de fumar también me ha ayudado, pues me ha tenido muchas horas ocupadas, las cuales seguro hubiera pasado en el bar leyendo la

prensa de todos los días. Por eso te animo a que escribas tu propia historia mientras dejas de fumar durante tus momentos de ansiedad, pues te ayudará a llevarlo mejor, y si no, ponte a leer que también te tiene entretenido, o hacer ejercicio que seguro lo necesitarás para no engordar unos kilitos de más. En definitiva, esta segunda semana se me ha pasado volando pues cuento los días como horas con el propósito de que pronto me considere un ex fumador. Espero que tú sigas poniéndole el mismo empeño que yo, pues muy pronto lo verás gratificado en tu salud y bienestar general.
A la tercera semana posiblemente padezcas de insomnio, y seguramente pases las noches tosiendo como un descosido, pero eso es porque tu cuerpo está expulsando el mal que tenía dentro. No te alarmes, en mi caso solo duró tres noches, después no volví a toser mas ni padecí de insomnio.

CAPÍTULO VEINTISÉIS

Capítulo Veintiséis. BUENAS RAZONES PARA DEJAR DE FUMAR.

Todas las personas que algún día decidimos empezar a fumar seguramente algún día pensamos en dejarlo, pero aun sabiendo las consecuencias trágicas que el tabaco puede producir en nuestra salud, nunca nos sedujo la idea de dejarlo porque algún día una de esas muchas enfermedades producidas por el tabaco pueda afectarnos a nosotros. Mientras fumamos desgraciadamente ya lo tenemos asumido. Durante estos doces años que he echado fumando me he dado cuenta que las personas que somos adictas a la nicotina, no nos llama la atención para nada esos mensajes que aparecen en las cajetillas de tabaco, más aún, los ignoramos por completo, y menos aún todas esa noticias sobre las enfermedades que pueden causar en nuestros cuerpos, y menos todavía lo que dicen los cientos de libros que hay sobre el tabaco y sus consecuencias, en definitiva, no nos llama la atención por dejarlo nada que podamos leer o escuchar, pues nos imaginamos que siempre es lo mismo, que puede matar, producir cáncer, cualquier enfermedad cardiovascular, etc. Pensamos mientras somos adictos que eso nos puede suceder aunque no estemos fumando. Creo después de llevar dos semanas sin fumar que estamos completamente equivocados, y me arrepiento al no darme cuenta antes, os lo aseguro. Pues aunque es verdad que hasta no hace mucho, no me interesaba nada sobre las consecuencias del tabaco en nuestra salud, el plantearme dejarlo me ha abierto la curiosidad sobre todo lo relacionado con esta droga, que me ha tenido tanto tiempo enganchado. Durante este tiempo me he estado informando leyendo libros y noticias relacionadas con el tabaco, pero como no quiero agobiarte pues seguramente todo lo que te pueda contar relacionado con las enfermedades que pueden llegar a causar, ya las has escuchado alguna vez y, seguramente, te parecerá que siempre es lo mismo, me gustaría que por lo menos recapacitaras sobre estas que vas a leer a continuación y que a mí me han dado mucho que pensar, por lo menos si estás intentando dejarlo en estos momentos seguramente te ayudarán, de verdad. Sabías que si fumas desde la adolescencia a los 45 años tu cuerpo habrá ingerido 25 litros de alquitrán; que si fumas una cajetilla y media al día durante un año equivale a como si te hubieran hecho 300 radiografías de tórax, casi una al día; sabías que 8 personas cada segundo mueren en el mundo a causa de una enfermedad por culpa del tabaco, 10000 muertes al día; que al año mueren en el mundo 3500000 de personas; sabías que unos 500000000 de personas que viven actualmente en el mundo morirán a causa del tabaco; sabías que desde 1950 hasta el año 2000 el tabaco provocó la muerte de 60000000 de personas en los países desarrollados (un campo de muerte mayor que el que causó la segunda guerra mundial); que en Estados Unidos 400000 vidas se pierden al año a causa del tabaco; en América latina 150000; sabías que por culpa de nosotros, que fumamos, en Estados Unidos 3000 personas mueren al año por culpa de respirar el humo de nuestro tabaco; que los incendios por culpa del tabaco en estados unidos matan al año 25000 personas; sabías que la industria tabacalera gana por año 268000 millones de dólares el presupuesto de 180 de los 240 países del mundo; sabías que si fumas 16 cigarrillos diarios incrementas hasta 60 veces las probabilidades de cáncer de pulmón... En definitiva, que dejar de fumar hará que envejezcas más tarde, vivirás mas años y vivirás mejor, y será una de las cosas más importantes que harás jamás en tu vida, por ti, y por los demás, creo que si esto que has leído no te hace que pensar aunque sea por un instante, en la posibilidad de seguir en nuestro empeño por conseguir dejar esta droga, es que mentalmente aún no estás preparado, entonces vuelve a leer mi diario y vuelvas a intentarlo otra vez, hasta que te unas a mí en el propósito de dejar esta droga de una vez por todas. Te puedo garantizar que en estas dos semanas he pasado ansiedad, trastornos de sueño, irritabilidad, dificultad de concentración, impulsos de fumar, dolores de cabeza, hambre, apatía, pero también te aseguro que el sobreponerse a todo eso, es comparable a la alegría de encontrar a la mujer de tu vida, el casarte, o incluso el nacimiento de tu hijo, por eso te propongo que leas las desgracias que producen el tabaco en el mundo, y las compares con las alegrías que te auguro te esperan una vez que consigas desengancharte las dos primeras semanas. Después de conseguir mantenerme sin fumar dos semanas, me he puesto a pensar muy

seriamente lo perjudicial que puede llegar a ser el consumo de esta droga, fumando nunca le di la importancia que realmente tienen todas estas noticias que seguramente algún día tu también has leído, te las han contado, o visto en algún medio de comunicación. Pero llegados a éste punto del libro me veo en la obligación de recordártelas por si aún no te ves con fuerzas para dejar de fumar, por lo menos para que sepas lo que te estás metiendo en el cuerpo, y así recapacitar un poco más que para eso está éste libro, para que poco a poco te mentalices de que no sirve la pena seguir fumando, por lo menos es lo que pienso ahora que llevo dos semanas tan solo de abstinencia. A continuación te voy a recomendar una página que el Ministerio de Sanidad y Consumo tiene en su Web, que una vez que la leas te hará pensar si seguir fumando, es muy buena te lo aseguro.
www.pmministries.com/ministeriosalud/tabaco/tabacoindex.htm

CAPÍTULO VEINTISIETE

Capítulo Veintisiete. COMPUESTOS DEL CIGARRILLO Y ENFERMEDADES CAUSADAS POR EL HÁBITO DE FUMAR.

Los cigarrillos contienen más de 4000 compuestos químicos, incluyendo 43 que causan cáncer, y muchos otros que son tóxicos venenosos o dañan a los genes, se ha encontrado que los cigarrillos contienen sustancias como:
ISOCIANATO Metílico, que fue la causa de muerte de 2000 personas cuando se liberó en el aire en Bocal, India, 1984.
ACETONA, removedor de pintura.
AMONIACO, arsénico, veneno.
BENZENO, que forzó la remoción del agua terrier del mercado.
BUTANO, líquido de encendedores.
MONÓXIDO de carbono, gas toxico del escape de los autos y de los braseros.
CIANURO, veneno.
DDT, insecticida prohibido.
FORMALDEHÍDO, que se emplea para preservar los cadáveres.
PLOMO.
METAMOL, combustible de los aviones
NAFTALENO, que se emplea en las bolitas de naftalina.
NICOTINA, droga adictiva y también insecticida
El hábito del fumar es causa de 25 enfermedades comprobadas, no lo digo yo, si no los estudios realizados al respecto, pero siendo sobre todo responsable de las siguientes:

- 30% de todas las cardiopatías coronarias.
- 80-90% de todos los casos de enfisemas, enfermedades pulmonares obstructivas crónicas.

- 30% de todas las muertes por cáncer.
- 90% de los casos de cáncer de pulmón.
- 70% de cáncer de laringe.
- 50% de cáncer de boca.
- 50% de cáncer de esófago.
- 30-40% de cáncer de vejiga.
- 30% de cáncer de páncreas.

Después de leer todos estos datos si sigues fumando harás como yo hace dos semanas, encenderás un cigarrillo y te lo fumarás sin más, pero ahora que llevo este tiempo desintoxicándome he de reconocer que me tomo más en serio las consecuencias que pueden acarrear el fumar en nuestra salud, puede ser que mientras sigo escribiendo este libro algún día ceda en el empeño de dejarlo para siempre, pero es día no estaré engañándome solo a mí, también estaré engañándote a ti, y el propósito de ésta lectura es que juntos dejemos de ser adictos a ésta droga de una vez por todas.

www.pmministries.com/ministeriosalud/tabaco/tabacoindex.htm

CAPÍTULO VEINTIOCHO

Capítulo Veintiocho. MI PRIMER MES SIN TABACO.

Es difícil explicar con palabras lo fácil y llevadero que ha sido en el fondo este primer mes sin tabaco, la ansiedad ha desaparecido por completo, y el cigarrillo de sabores ya no necesito llevarlo conmigo a ninguna parte. Puedo asegurarte qué en momentos del día cuando me miro al espejo, mi aspecto ha cambiado en el sentido de que parece que tengo mejor la cara, es una alegría el poder bajar las escaleras sin tener que echar el aliento, pues te das cuenta que ya no necesitas el ascensor para subir tres pisos. Para ser sincero después de la segunda semana no recuerdo ningún momento que dijera (no aguanto más, voy a comprar tabaco) ese pensamiento se ha esfumado de mi cerebro, y en consecuencia la ansiedad que antes tantos quebraderos de cabeza me traía cada vez que intentaba dejar de fumar. Se me hace insoportable el olor a tabaco donde estén fumando, no puedo ponerme una prenda de vestir que huela a tabaco, y en locales cerrados se me irritan los ojos cuando alguien está fumando al lado mío, cada día que pasa a más gente se lo cuento porque irradio felicidad al saber que ya no dependo del tabaco.

Durante todo este mes vas pasando por varias fases día tras día, que yo las he denominado como nuestras batallas particulares, con el fin de ganar esta guerra a la nicotina.

Un mes después, si has conseguido mantenerte junto a mí en el propósito de no probar el tabaco, te doy mi enhorabuena pues he de reconocer que no para todas las personas es tan fácil como para otras, pero en el fondo lo que pretendo con éste libro es que por lo menos nos planteemos empezar a dejarlo. Puede ser que muchos de vosotros hayáis fracasado en el intento, pero que sepáis que ésta guerra te estará dando la oportunidad de ganar batallas todos los días, por lo menos mientras el cuerpo aguante, pero por si acaso no lo desafíes mucho, no sea que algún día sea tu propio cuerpo el que diga basta, ya no aguanto más, no permitas que eso ocurra, engaña al cerebro que seguro eres lo suficientemente maduro e inteligente como para hacerlo, pues también lo fuiste para apuntarte a esta guerra que ahora no sabes cómo salir de ella.
A los que habéis conseguido dejar de fumar mientras leísteis este libro, deciros que jamás penséis que tenéis ganada la guerra, pues por desgracia mientras el tabaco este a la venta siempre cabe la posibilidad de que volváis a recaer, por lo tanto te aconsejo que estés siempre con el cerebro bien ordenado, respecto a lo que te ha costado dejar esta droga de la que pensabas nunca ibas a salir. Ojalá nunca más caigamos en el intento de querer subestimar a nuestro cerebro, pues te garantizo que es muy fácil si no tienes las ideas claras volver a recaer. Pero creo que después de un mes sin probarlo podemos decir que por fin nos hemos planteado dejar el fumar para siempre,

Lo cual me enorgullece satisfactoriamente pues es lo que intento con la lectura de este libro.
No soy quién para poder decir que leyendo este libro conseguirás dejar de fumar, pero te aseguro que si tienes las ideas claras con respecto al querer dejarlo, seguro que durante algún momento de la lectura se te paso por la cabeza el pensar que quieres dejar de fumar para siempre. Ojalá algún día un ex fumador me diga que se planteó dejarlo a raíz de la lectura de este libro, eso querrá decir que a lo mejor vale de algo y en un futuro podría ayudar a mucha gente. Si vas a plantearte dejarlo a raíz de esta lectura no pienses que nunca más vas a fumar, pues eso te garantizo que no te ayuda en nada, todo lo contrario, te echa más para atrás. Si ya llevas un mes sin fumar, nunca caigas en la tentación de querer probar un pitillo algún día, pues volverías a alimentar a ese gusano que llevas dentro, el cual has conseguido dormir durante algún tiempo, pero no te fíes, siempre estará esperando su dosis, y el día que vuelvas a dársela posiblemente despertará para que lo alimentes sabe dios cuantos años más. Siempre sé tu mismo, no dejes que ésta droga te mate poco a poco, no permitas que te maneje, pues a lo mejor algún día te das cuenta de que a veces las realidades no podrás convertirlas en sueños.

CAPÍTULO VEINTINUEVE

Capítulo Veintinueve. VUELTA A LA CRUDA REALIDAD.

8.43 de la mañana.
Unidad de reanimación del hospital General.
Abro los ojos y me encuentro en la habitación de un hospital...
A mi derecha mi mujer, a mi izquierda un doctor y, alrededor, camas con enfermos y sus familiares. Pido un poco de agua y una amable enfermera me la hace llegar enseguida, a continuación le comento a mi mujer que he tenido un sueño donde conseguía hacer que la gente dejase de fumar, incluso hacia un libro mientras me comprometía a dejarlo yo también. Mientras tanto contemplo los rostros desencajados de los enfermeros que allí se encuentran, de los familiares de los demás enfermos, del doctor y, sobre todo, la cara de admiración de mi mujer, mientras me agarra con fuerza mi mano y la deja llevar sobre su rostro del cual ante mi estupor, empiezan a derramarse lágrimas de emoción sin parar. En ese preciso instante entran por la puerta sobresaltados cirujanos, y todo tipo de personal médico, es entonces cuando empiezo a darme cuenta de que algo grande había ocurrido...
¡Desperté después de un infarto!

Con el paso de los días se me hacen todo tipo de pruebas, hasta que un día me diagnostican enfisema pulmonar y cáncer de pulmón. Desgraciadamente la realidad es que el tabaco ha podido más que mi salud, y ahora estoy esperando para que me operen y me extirpen una parte de mi pulmón. Los médicos dicen que el enfisema pulmonar puede llegar a curarse dejando de fumar, pero no me dan muchas garantías con lo del cáncer de pulmón, pues está muy avanzado.

Naturalmente desde que sufriera el infarto al corazón ni por asombro se me ha pasado por la cabeza el fumar un cigarrillo, pues las consecuencias serían trágicas e inminentes, pues mi salud es bastante alarmante.

Sueño todas las noches con algún día despertarme en mi habitación, y comprobar que lo que a mí me ha sucedido no hubiese ocurrido jamás, pero desgraciadamente eso no va a ocurrir pues yo he permitido que el tabaco manejara mi vida, y ahora años más tarde estoy a merced de lo que mi cuerpo aguante.

Con el paso de los días me mandan para casa pues en el hospital ya no pueden hacer nada contra mi cáncer, está muy avanzado y lo único que me queda son las sesiones de quimioterapia, y que sea lo que dios quiera, pues gracias a todos estos años fumando yo me lo he buscado.

Es muy difícil convivir con esta enfermedad, no sabes cuándo será el día que tu corazón dirá basta, pero yo sueño todos los días con que algún día pueda terminar este libro, que empecé a escribir a raíz de ese sueño que tuve mientras estuve inconsciente, pues pienso que a lo mejor dios me está dando la oportunidad, de comunicar a todas aquellas personas que ahora están fumando, que algún día sus pulmones dirán basta, y entonces de nada valdrán todos tus intentos por dejar de fumar. Cuando llega ese momento tu vida se viene abajo, entras en un estado de ansiedad que solo dios sabe cómo puede terminar, te pasas los días pensando que la quimio algún día obre el milagro, cuando en realidad sabes de sobra que lo que está haciendo es alargar un poco más tu vida, o tu agonía, según se mire.

CAPÍTULO TREINTA

Capítulo Treinta. NO LO DUDES, DÉJALO YA O TE MATARÁ.

Sigo teniendo a menudo esos sueños donde a veces me levanto en mi habitación y me doy cuenta de que todo lo que me ha sucedido es eso, una simple pesadilla, pero cuando despierto me doy cuenta de que las realidades no puedo convertirlas en sueños, y es entonces cuando me pregunto a mí mismo:

¿TANTO SACRIFICIO ME HUBIERA COSTADO PENSAR EN DEJAR DE FUMAR PARA SIEMPRE…?

AHORA ES TARDE,
NO HAY REMEDIO
Y ME ESTOY MURIENDO.

FIN

NOTA DEL AUTOR

Con esta historia espero que muchos lectores que ahora estén fumando, recapaciten sobre lo que algún día puede llegar a suceder, pues a veces la ficción se convierte en la cruda realidad. Si conseguiste dejar de pensar en fumar mientras leíste este libro, aunque fuera por momentos, mi más sincera enhorabuena, pues eso querrá decir que te ha tenido entretenido algún tiempo, lo cual significa que a lo mejor es verdad que quieres dejar de pensar en fumar. No dudes en llevar contigo ese pensamiento a todas partes, pues en algún momento puede suceder que quieras llevarlo a cabo. Quisiera reseñar que una vez terminada esta historia continúo sin fumar, y espero que muchos de vosotros por lo menos dejéis de pensar en fumar para siempre, pues algún día por desgracia tendrás que admitir que el tabaco ha podido con tu salud, y será entonces cuando tendrás que reconocer que por culpa de esta droga...

ME ESTOY MURIENDO

"La historia narrada en este libro es ficticia, fruto de la imaginación de su autor"

AGRADECIMIENTOS

Al Ministerio de Sanidad y Consumo, en especial al director general de Salud Pública y, Sanidad Exterior, Sr. Ildefonso Hernández Aguado. A la consejería de sanidad de la junta de Galicia, en especial, al subdirector del programa de estilo, Sr. Manuel Amigo Quintana, por algunos de los documentos narrados en este libro que han salido de sus fuentes de información. Mi más sincero agradecimiento a todos los fumadores/as que lean mi libro. A todas aquellas personas que me han apoyado en la publicación de este mismo. Muy especialmente a todas las instituciones que están ayudando a dejar de fumar. Quiero dar las gracias enormemente a nikavalen, por su inestimable ayuda en la corrección de parte del libro. Al escritor que me ayudó a poder acabar la corrección del mismo y, que por petición suya, no desea salir en estos agradecimientos. A CarlosjDuarte y, María Dolores, por su ayuda a la hora de darle otro estilo al libro.

Deseo asimismo expresar mi gratitud a Lulu Publishing SL., por la publicación de esta historia.

www.ingramcontent.com/pod-product-compliance
Ingram Content Group UK Ltd.
Pitfield, Milton Keynes, MK11 3LW, UK
UKHW020129250726
13967UKWH00002B/560